TOPP

RIESENGROSSE FENSTERBILDER

AFRIKA

Mit Vorlagen in Originalgröße

SILKE KOBOLD

LANGHÄLSE

Abbildung auf der Umschlag-Vorderseite

Lang und schlaksig sind die Langhälse, die über Afrikas Weite hinwegblicken. Dieses Motiv ließe sich auch sehr gut farbig gestalten.

Material:
Bristolkarton, Architektenpapier

Die Felder werden folgendermaßen herausgeschnitten: Augen und Gesichtszüge, Fleckenzeichnung, Mähne, Bäume, Umrisse.
Dann legen Sie das Architektenpapier auf Ihr Bild und zeichnen mit einem Bleistift die Außenränder der zu beklebenden Felder nach.
Damit kein Klebstoff auf die Vorderseite gelangt, sollten Sie ihn auf der Rückseite mit Hilfe eines Schaschlikstäbchens auftragen.
Genau wie bei dem Elefantenbild (siehe Seite 8) werden die Aufhängefäden seitlich am Fensterrahmen befestigt.

TUAREG-FRAU

Abbildung auf der Titelseite (Seite 1)

Bei den Tuareg, einem Nomadenvolk der südlichen Sahara (Mali), tragen nur die Männer einen Gesichtsschleier (tagelmust). Die Frauen zeigen, anders als bei vielen anderen islamischen Gesellschaften, offen ihre schönen, ausdrucksstarken Gesichter.

Material:
Fotokarton

Beginnen Sie Ihre Arbeit mit den Zöpfen. Dann folgen die Gesichtszüge, die Verzierungen der Kleidung und die Falten des Kopftuches.

Dieses Motiv sollten Sie wegen seiner Größe mit Klebefilm direkt am Fenster befestigen.

Fotos: Frech-Verlag GmbH + Co. Druck KG, 70499 Stuttgart
Fotostudio Ullrich & Co., Renningen

Auflage: 5. 4. 3. 2. 1. | Letzte Zahlen
Jahr: 1997 96 95 94 93 | maßgebend

frech-verlag GmbH + Co. Druck KG, 70499 Stuttgart

ISBN 3-7724-1712-4 · Best.-Nr. 1712

Druck: Frech-Verlag GmbH + Co. Druck KG, 70499 Stuttgart

AFRIKA...

... allein schon dieses Wort ist voller Geheimnisse, voll fremder Gerüche und exotischer Farben! Dieser Kontinent bietet eine außergewöhnliche Vielfalt an Landschaften und Kulturen, ist von beeindruckender Weite und Größe.

Was liegt da näher, als Afrika zum Thema einer Fensterbilder-Mappe zu machen, die sich durch besonders große Motive auszeichnen soll?

Und sie sind wirklich groß geworden, füllen ein ganzes Fenster aus, können aber natürlich auch beliebig verkleinert werden.

Wie der Kontinent selbst sind auch die ausgewählten Szenen bunt und vielfältig: Landschaften, Menschen, Tiere...

Ob Sie Ihr Lieblingsmotiv einfarbig oder farbenprächtig gestalten – das wird an Ihrem Fenster auf jeden Fall eine riesengroße Sache!!

Silke Kobold

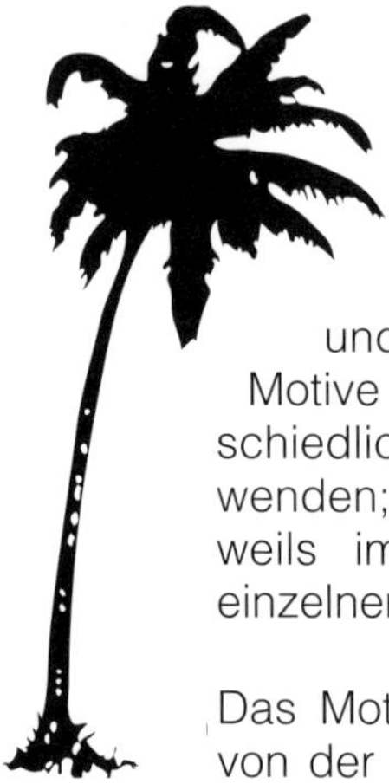

ALLGEMEINE ANLEITUNG

Je nach Größe und Ausführung der Motive können Sie unterschiedliche Papiere verwenden; sie werden jeweils im Begleittext der einzelnen Bilder erwähnt.

Das Motiv übertragen Sie von der Vorlage auf einen Bogen Transparentpapier. Befestigen Sie Ihre Zeichnung auf dem ausgewählten Karton, und drücken Sie die Linien mit einem Stift durch.
Wollen Sie Ihre Lieblingsszene mehrmals herstellen, bietet es sich an, mit Schablonen zu arbeiten.

Wichtigstes Werkzeug, neben Stift, Lineal und Schere, ist das Papierschneidemesser, der Cutter. Damit Sie mit wenig Kraftaufwand und exakt arbeiten können, sollten Sie die Klinge häufig auswechseln.

Als Schneideunterlage ist feste Pappe (z.B. die Rückseite eines Zeichenblocks) oder eine im Handel erhältliche Unterlage aus Kunststoff zu empfehlen.

Alle umrandeten Felder werden sorgfältig herausgeschnitten. Einfach gezeichnete Linien werden sehr schmal, etwa in Strichbreite, gearbeitet.

Bei den meisten Bildern sind zwei Aufhängelöcher vorgesehen. Verwenden Sie dann auch zwei einzelne Aufhängefäden. Damit Ihr Motiv nicht durchhängt, sollten Sie die Fäden seitlich am Fensterrahmen befestigen.

Die Afrika-Motive sind in der Mehrzahl sehr schlicht gehalten und deshalb auch mit relativ geringem Zeitaufwand herzustellen.
Und die etwas aufwendigeren Szenen sollten Sie sich ruhig einmal auf dem Vorlagenbogen anschauen – sie sind gar nicht so schwierig, wie es auf den ersten Blick erscheinen mag.

Und noch ein Tip:

Statt des sonst üblichen Transparentpapiers wurde bei einigen Bildern für den Hintergrund Künstlerkarton eingesetzt. Er hat eine etwas rauhe Struktur und wirkt dadurch sehr edel. Es gibt ihn in vielen harmonisch aufeinander abgestimmten Farben.
Die hellen Farbtöne scheinen am Fenster gut durch und geben dem Bild eine ganz eigene, warme Leuchtkraft.
Zudem ist Künstlerkarton lichtecht, das heißt, die Farben bleichen am Fenster nicht so schnell aus.
Diese Arbeiten können dann auch problemlos als Wanddekoration dienen.
Außerdem bietet Künstlerkarton den Vorteil, daß man ihn gut doppelt schneiden kann. Das ist vor allem dann günstig, wenn das Bild beidseitig gearbeitet werden soll.

AM SEE

Wasser – für uns eine Selbstverständlichkeit, die gedankenlos verschwendet und verschmutzt wird. Erst wenn dieses lebenswichtige Element rar wird, rückt es in unser Bewußtsein. In Afrika weiß man um seine Bedeutung...

Material:
Brauner Tonkarton, Künstlerkarton

Zunächst werden die Gesichtszüge und die Figuren im Boot gearbeitet, daraufhin die großen äußeren Felder herausgeschnitten. Zum Schluß wird die Arbeit auf einem Bogen Künstlerkarton befestigt. Sie können als Hintergrund auch Transparent- oder Architektenpapier verwenden.
Eventuell überstehende Ränder werden mit dem Cutter und einem Lineal entfernt.

AFRIKANISCHE SAVANNE

Diese Landschaft nimmt einen großen Teil des afrikanischen Kontinents ein und ist der Lebensraum für viele Tierarten.

Beachten Sie, daß sich diese beiden Landschaften auch zusammenhängend als <u>ein</u> Bild herstellen lassen.

Material: Künstlerkarton

Sie benötigen für den Rahmen jeder Szene einen ganzen Bogen Künstlerkarton (50 cm x 70 cm). Knicken Sie den Bogen zur Hälfte, und übertragen Sie auf die eine Seite die Vorlage.
Bevor Sie mit dem Schneiden beginnen, sollten Sie die beiden Hälften zusammenklammern. Aber Achtung: Der Karton darf dabei nicht im Bereich des Rahmens beschädigt werden, sondern nur in den Feldern, die später herausgeschnitten und hinterklebt werden.

Beginnen Sie beim Schneiden mit den kleineren Linien, also bei der Tierherde und den Bäumen, und arbeiten Sie dann jeweils von oben nach unten die großen Felder heraus.
Dann stellen Sie die Farben für den Hintergrund zusammen und befestigen die fertigen Teile auf den Klebestegen. Beim Aufkleben des zweiten Rahmens sollten Sie die Stege nur abschnittsweise mit Klebstoff bestreichen und sich dabei vom oberen zum unteren Bildrand hin vorarbeiten. Es ist nicht erforderlich, daß Sie auf alle inneren Stege Klebstoff auftragen.

Die Baumkronen, Felsen und Löwen schneiden Sie gleich doppelt aus zusammengeheftetem Papier aus, weil später im Gegenlicht alle unsauberen Kanten deutlich zu sehen sind.
Bekleben Sie zunächst nur eine Seite des Bildes. Wenn Sie es daraufhin an die Fensterscheibe halten, können Sie genau erkennen, an welcher Stelle auf der Rückseite Sie das Gegenstück anbringen müssen.
Auf dem Löwenpaar wurden mit Bleistift sparsam einige Konturen eingezeichnet; beachten Sie die gepunkteten Linien in der Vorlage.

AFRIKAS GROSSBEWOHNER

Ganz in Weiß ist dieser Koloß gearbeitet – in Grau oder sogar in leuchtendem Rot werden die beiden Elefanten aber bestimmt auch Gefallen finden!

Material: Bristolkarton

Erst wenn Sie alle inneren Linien (Auge, Ohren, Rüssel usw.) herausgeschnitten haben, wird der Außenumriß der Tiere gearbeitet.
Die beiden Aufhängefäden sollten Sie bei diesem Bild zur Seite hin spannen und rechts und links am Fensterrahmen befestigen.

LEBENSGEMEINSCHAFT

Zwei ganz unterschiedliche Lebewesen haben sich zusammengefunden, bilden eine Gemeinschaft, die beiden Vorteile bringt: Die Vögel kümmern sich um die Körperpflege der Kolosse, indem sie sie von lästigem Ungeziefer befreien, und sie selbst finden dabei genügend Nahrung.
Für den Betrachter sieht das eher belustigend aus, und erweckt manchmal den Eindruck, als ob da jemand bequem reisen möchte...

Material: Bristolkarton

Damit die Stabilität Ihres Werkstücks möglichst lang erhalten bleibt, werden die inneren Linien zuerst herausgearbeitet.
Dies gilt sowohl für den Büffel als auch für die Vögel, die zum Schluß am Rücken des Büffels und am Rahmen mit etwas Klebstoff befestigt werden. Gestrichelte Markierungen auf der Vorlage geben Ihnen Positionierungshilfen.

URWALDBILDER

Verschlungene Lianen, farbenprächtige Pflanzen, geheimnisvolle Tiere – der Urwald lebt!

Diese beiden Motive sehen auf den ersten Blick sehr schwierig aus, aber sie sind es nicht!

Material: Künstlerkarton

Beide werden jeweils aus zwei unterschiedlichen Hauptteilen gefertigt, wobei Teil 1 für beide Szenen als Vorderansicht dient.
Zwischen den beiden Rahmen werden dann jeweils die fertig gearbeiteten Blätter, Blüten und Tiere mit Kleb-

stoff angebracht. Auch hier finden Sie in der Vorlage gestrichelte Linien als Positionierungshilfen.
Die Blüten stellen Sie folgendermaßen her: Die grünen Staubgefäße werden zwischen die doppelt geschnittenen gelben Blütenteile (B), diese dann wiederum zwischen die ebenfalls doppelt geschnittenen roten (türkisen) Blütenteile (C) geklebt (gestrichelte Linie). Die Zunge der Schlange wird auch doppelt gearbeitet und auf beiden Seiten aufgeklebt.

AFRIKA

Afrika, weiter Kontinent…

Material:
Brauner Tonkarton, Künstlerkarton

Damit der Adler durchscheinend zu sehen ist, wird er zunächst mit dem Cutter aus dem braunen Tonkarton herausgeschnitten. Danach wird der Vogel mit etwas vergrößertem Umriß (siehe Vorlage) aus weißem Künstlerkarton nochmals gefertigt, um damit den Ausschnitt – wie bei einem Transparent – zu hinterkleben.
Sie können sich aber auch den ersten Arbeitsgang sparen, wenn Sie den weißen Adler in doppelter Ausführung arbeiten und ihn auf beiden Seiten des Bildes aufkleben.